Ismael Viñas

Acerca de la globalización

2007

Contenido

© 2007 Ismael Viñas

ISBN 143822916X
EAN-13 978 1438229164

MB Editores
1835 E. Hallandale Beach Blvd., suite #328
Hallandale Beach, FL 33009, USA

eduardo@montesbradley.com

Reconocimiento

A Nelson Montes-Bradley, sin cuya ayuda
faltarían muchos datos, que él buscó por mi.

A modo de advertencia

Las tendencias del capitalismo a expandirse tienen múltiples manifestaciones casi a diario, y lo mismo ocurre con las fusiones y alianzas de empresas y pactos entre ellas que contribuyen al afianzamiento del carácter oligopólico del sistema. De tal modo, como es imposible mantenerse al día en esos aspectos, todas las citas y datos sobre el particular deben tomarse a título de mera ejemplificación.

I.V.

1

Sobre la globalización

Recuerdo nítidamente la primera vez que usé el fax. Fue en Jerusalén, y debía mandar un despacho a un diario de Madrid para el que trabajaba regularmente. Me dijeron: "Hay apuro, mándalo por fax". Yo aún no tenía el aparato, pero sabía que había uno para uso del público en el edificio del Correo Central. Fui, y tuve que esperar un poco porque había dos o tres maestras acompañando a sus alumnos para mostrarles la nueva maravilla. Los chicos enviaban dibujos con algunas líneas escritas, a alguna parte. Era un gran alboroto; una fiesta. Yo estaba algo nervioso.

Recuerdo también como vi por televisión desde mi casa, el momento en que Ceaucescu perdía el control de las masas y comenzaba la revuelta que acabaría con él y con su régimen. Fue más o menos hacia el mismo decenio en que mandé mi primer despacho por fax.

En esas dos ocasiones sentí de modo directo que el mundo se había achicado, que algo había ocurrido para que se pudiera transmitir dibujos, palabras escritas y sucesos instantáneamente, desde Asia a Europa y viceversa. A pesar, claro, de que estaba ya acostumbrado a hablar por teléfono a larga distancia, sentí que algo había cambiado. No puedo explicarlo: fue un sentimiento de inmediatez, como estar en dos lugares del planeta a un mismo tiempo. Por el desarrollo de las técnicas el mundo se había hecho...no, "más pequeño" no alcanzaba a describir la sensación, y no se me ocurría otro calificativo mejor que "más inmediato".

Desde entonces las comunicaciones se han desarrollado impetuosamente, la inmediatez del mundo ha aumentado de un modo increíble: hoy puedo leer en mi computadora personal, por ejemplo, los diarios de otras ciudades y otros países. Existe la maravilla de Internet.

Estos avances técnicos se realizaron en el marco de una extraordinaria expansión territorial del capitalismo, debida por una parte a la implosión del llamado "socialismo real" en la Europa del Este y en la Unión Soviética, y por la otra a la introducción de formas capitalistas de producción en zonas del planeta de economías atrasadas (no capitalistas o de capitalismo muy primitivo).

Se trata (¿es necesario señalarlo?) de dos hechos paralelos entre sí, no ligados, no consecuencia el uno del otro, pero ambos, conjuntamente con el perfeccionamiento del transporte, constituyen lo que ha dado en llamarse "globalización", que en suma significa una mayor unificación del mundo bajo un mismo sistema de producción y, al mismo tiempo el mayor acercamiento entre sus diversos lugares –lo que he llamado inmediatez. Los tres hechos de consuno, no solamente la expansión del capitalismo. Y eso tiende a ser olvidado por los analistas, tanto los que apoyan el proceso como los que se le oponen, y los que lo consideran inevitable pero proponen evitar sus consecuencias negativas, como la mayor diferencia entre países ricos y países pobres ("desarrollados" y "subdesarrollados" o "en desarrollo"), y entre ricos y pobres dentro de cada país.

Es absolutamente cierto que el proceso de globalización "no es... algo nuevo...", sino que caracterizó como tendencia, al capitalismo, desde su nacimiento; tal como reiteradamente lo han señalado Samir Amin[1], Aldo Ferrer, Paul Bairoch, Immanuel Wallerstein, Julio A. Boron y cuantos han escrito sobre el tema con un mínimo de realismo.

Suele destacarse asimismo el enorme crecimiento de los flujos financieros como una característica de la actual fase de la globalización, "muy superior al del producto y el comercio mundiales, o también al espectacular crecimiento de las inversiones extranjeras"[2].

También aquí nos encontramos ante un hecho conocido (Lenin ya hablaba de un "capitalismo parasitario") pero su crecimiento extraordinario se traduce en un salto cualitativo, agregando otra razón a la tesis de que estamos en presencia de una fase novedosa de la tendencia a la globalización.

Nueva y más amplia, más completa y compleja, aunque es verdad que subsisten muchas y vastas zonas donde no ha penetrado plenamente el capitalismo, ya por continuar bajo sistemas precapitalistas ya por regirse por diversas formas del "socialismo real". Y que también existen fuerzas contrarrestantes, que deben ser analizadas con cuidado para establecer su impor-

[1] AMIN, SAMIR. *El capitalismo en la era de la globalización.* Buenos Aires, Paidós, 1999, pág. 48.
[2] BORON, JULIO A. *Cuadernos de reflexión.* Buenos Aires, 2005. Tomo 14, pág.140

tancia real, y sobre todo, si se trata de fenómenos en crecimiento o restos del pasado, aunque a la vez manifiesten cierto fortalecimiento relativo.

Es de destacar asimismo que las tendencias globalizantes no significan necesariamente avances en la supresión de la pobreza o del carácter dependiente de unos países con respecto a otros: al revés, la pobreza se ha extendido en muchas zonas, ha aumentado la miseria a la par que el avance del capitalismo, se han creado nuevas áreas de miseria, se ensancha la diferencia entre países ricos y pobres. Pero, adelantemos, nada de eso debe asombrar: el capitalismo se caracteriza por su desarrollo desigual, siempre ha sido así, desde sus orígenes. Y desarrollo desigual significa precisamente todo lo anterior.

Es un error comparar la actual fase de la globalización con cualquiera de las anteriores, como lo hace, por ejemplo, Paul Hirs[3] con la etapa que va de los años 1870 a 1914 y con la que se abre en la posguerra del segundo conflicto mundial y cierra con la crisis del petróleo de los '70. La globalización es un proceso que se va realizando a través de las centurias, pero ha cobrado un nuevo carácter a partir de los hechos mencionados: la implosión del socialismo real agregó al capitalismo una vasta región con un relativamente alto desarrollo de las fuerzas productivas, y los avances en las comunicaciones y el transporte le han dado una posibilidad de aceleración no conocida con anterioridad.

A esa extensión geográfica se ha agregado la incorporación plena, o semiplena, de la India, y la apertura de China y otros países del socialismo real a la economía de mercado (con implicaciones que veremos más adelante).

Pero existe otro factor que debemos tener en cuenta: la tendencia a crear zonas de libre comercio su-

---

[3] HIRS, PAUL. *Globalizao: mito ou realidade.*

pranacionales. De ellas, una se destaca por sus logros y por haber superado esa fase: la Unión Europea; otras son impulsadas con afán económico por Estados Unidos (la cuestionada propuesta de libre comercio para toda América, que ha conseguido resultados parciales en el convenio con Canadá y México y entre el imperio y los países de la Cuenca del Caribe y algún tratado bilateral como con Chile y Perú); y otras, en fin, malviven en medio de grandes dificultades, como la del Cono Sur de América, o son, por ahora, más bien ilusiones, como las propuestas de Hugo Chávez desde Venezuela, aunque están apoyadas por su producción petrolera. El caso es que, aún así, constituyen todas tendencias más o menos logradas, hacia la supranacionalización de los mercados y contribuyen, sin duda, a expandir el capitalismo (esto en general, porque el caso argentino, por ejemplo, supone una excepción, pues allí se ha destruido gran cantidad de fábricas debido a la crisis de los 90, con la consiguiente desaparición de relaciones capitalistas, es decir, de capitalismo).

¿Desaparición de los estados nacionales?

Los defensores a ultranza de la idea de que la globalización bajo sus formas capitalistas es inevitable, sostienen que conjuntamente con ella se ha de producir la erosión de los estados-naciones hasta su completa desaparición, y que ya se ha avanzado largamente en ambos aspectos. Como dijo en 1996 el entonces secretario general de las Naciones Unidas Butros-Ghali, "el proceso de "fragmentación" de los estados nacionales se está produciendo ante nuestros ojos..."[4]

Quienes se ubican en las antípodas, pues niegan que haya habido ningún cambio sustancial que permita hablar de globalización, sostienen con vehe-

---

[4] Dijo más, pues se hizo cargo de las dos tendencias: "Nuestro planeta está bajo la presión de dos fuerzas tremendas y contrapuestas: la globalización y la fragmentación".

mencia que "no tiene ningún asidero empírico serio" hablar de "desaparición del estado-nación o (aun) de su creciente irrelevancia".[5]

Una tercera tendencia, que opina que la globalización es real, pero que propone desplazar el capitalismo bajo el cual se lleva hoy a cabo y luchar por darle contenidos socialistas, sostiene que "durante el período 1945 a 1994 la lógica de la expansión capitalista... erosionó los sistemas nacionales de producción creados en otra etapa histórica..." pero agrega que "la erosión del estado-nación...no constituye un determinante decisivo e irreversible para el futuro..." Por el contrario las reacciones nacionales a (la) globalización pueden hacer que la expansión mundial tome derroteros imprevisibles"[6]. O sea, si he entendido bien: los estados-naciones, a pesar de ser producto de una etapa histórica diferente de la actual, conservarían la suficiente fuerza o la suficiente existencia como para influir en el futuro de la globalización.

Los primeros aplican una lógica absoluta: si los estados-naciones surgieron en un momento dado de la historia, como consecuencia de condiciones particulares, va de suyo que al modificarse tales condiciones se debilitarán hasta desaparecer, dando lugar (se supone) al florecimiento de otras formas regionales de organización (¿política?), que serán subsumidas en el marco de la globalización.

Tratando de mirar a nuestro alrededor con la mayor objetividad posible, lo que vemos es una situación mixta: En un caso al menos, en el occidente de Europa, los estados de la Unión Europea han suprimido las fronteras, creando organismos supranacionales y abdicando en favor de un ente central una misión de importancia: la emisión de moneda. Es verdad que por

---

[5] BORON, JULIO A. *Op.Cit.*, pág.149
[6] AMIN, SAMIR. *Op.Cit.*, pág. 31

el voto de sus naciones se ha frenado el intento de ir más allá, pero, en cambio, se ha incorporado a nuevos miembros y se espera incorporar más. Otros intentos no han pasado de tratados de libre comercio, los estados firmantes han eliminado trabas al movimiento de mercancías, pero nada más. El acuerdo entre Canadá, Estados Unidos y México, y el de Centroamérica con EE.UU. son hasta ahora lo máximo alcanzado en ese sentido, pero en otros aspectos, como el movimiento de personas, ha fracasado totalmente: Cada año mueren centenares al intentar cruzar ilegalmente la frontera de México con su vecino, y en éste se adoptan medidas cada vez más irritantes.

Otros proyectos, muy ambiciosos en las declaraciones, como el de los países de América del Sur, no han pasado de las palabras; y aun otros más concretos, como el Mercosur, tropiezan con un sinnúmero de dificultades, problemas y diferencias entre las partes.

En todo el globo se manifiestan asimismo tendencias separatistas: desde la implosión de la Unión Soviética, la fragmentación de Yugoslavia y Checoslovaquia, al reconocimiento de las autonomías en España (con el caso de Cataluña como el más adelantado, ya que el gobierno español le ha dado aprobación al uso de la palabra "nación"), a las pretensiones manifestadas por la Liga del Norte en Italia, los bretones en Francia, el Québec en Canadá, los vascos en España y Francia, y Santa Cruz en Bolivia –con la media luna que rodea el altiplano–, hasta los musulmanes de la isla de Mindanao en Filipinas. Pero en todos los casos, los concretados o los que son puras exigencias, lo que los separatistas proponen es la formación de nuevos estados-naciones, según lo ocurrido con la ex-URSS, Checoslovaquia y Yugoslavia. No se trata del "desmantelamiento del Estado" como afirma Guillermo O´Donell, del Instituto Kellog de la Universidad de Notre Dame, sino todo lo contrario: la formación de nuevos estados, algunos con todas las características nacionales (y hasta, irónicamente, con grupos internos separatistas a su vez, como en Georgia, o para usar un ejemplo más conocido: el de Rusia con Chechenia).

Si sumamos los estados que resultaron de la implosión de la Unión Soviética y de la división de Yugoslavia y Checoslovaquia, y lo que ha ocurrido en Africa y el Caribe, podemos contar alrededor de 200 estados reconocidos por las Naciones Unidas como tales. Pero no todos proceden de la división de estados-naciones preexistentes, ni todos presentan las características de tales, al menos si tomamos como modelos algunos de los que se formaron en Europa occidental: claramente, la Unión Soviética no era un estado nacional, sino un conjunto de nacionalidades diversas, unidas desde la época de los zares. Tampoco fueron naciones-estado Yugoslavia y Checoslovaquia, pues comprendían varias nacionalidades. Ni lo son en sentido estricto los países de lengua castellana de Latinoamérica, pues hablan un idioma común pero tienen en su seno etnias diversas (indígenas, para llamarlas de algún modo), y varias exceden las fronteras de un estado: quichuas, aymará, guaraníes. Ni lo son tampoco los estados africanos ya que algunos comprenden distintas culturas, lo que ha llevado a sangrientas guerras tribales y verdaderos genocidios; ni todos los países asiáticos, aun los predominantemente musulmanes: Irak, por ejemplo, que comprende dos grandes ramas, sunitas y chiítas, y tres nacionalidades, porque además de kurdos hay turcomanos (los kurdos, a su vez, están divididos entre tres estados: Turquía, Irán e Irak).

En suma: sólo existe un caso, el de la Unión Europea, en el que los estados nacionales preexistentes ceden una parte de sus facultades en favor de una entidad más amplia, a la vez que las nacionalidades incluidas en algunos de esos estados tienden a separarse –para formar parte de esa entidad mayor, se sobreentiende. En otros casos no se pretende ir más allá de zonas de libre mercado (y aun así con restricciones), y, por el contrario se forman nuevas naciones-estado. Claro está, que lo que ocurre en Europa es de una contundencia tal que se presenta como un futuro posible para el mundo. Pero quedan abiertos dos interrogantes: ¿proseguirá avanzando la Unión Europea?, y ¿realmente servirá de ejemplo a otras regiones?

Cualquiera fuese la respuesta a estos cuestionamientos, sin embargo, la globalización existe y seguirá en aumento con la expansión del capitalismo, al menos a cierto plazo (pues otros sistemas tardarán mucho tiempo en realizarse, dejando de lado los delirios a lo Chávez en Venezuela) y el desarrollo de los medios de comunicación y de transporte.

Esto no impide guerras, guerras civiles, actos de agresión imperialista, ataques terroristas y odios entre los estados, las naciones y los pueblos. Pero el capitalismo se expande, superándolo todo. ¿Acaso no eran capitalistas la mayoría de los países que se enfrentaron en las dos guerras mundiales?

El año 2005 estuvo señalado por un hecho cuya trascendencia parece indudable: después de medio siglo desde su creación, las Naciones Unidas pusieron en pie la Corte Internacional de Justicia Penal, al firmar el suficiente número de estados miembros el tratado respectivo. Por éste, los estados firmantes aceptan que sus miembros puedan ser sometidos a juicio por delitos de lesa humanidad, crímenes de guerra y genocidio. Es verdad que no todos han firmado, entre ellos uno de tanta importancia como Estados Unidos, pero se trata de una novedad absoluta: los estados firmantes han abdicado en principio una facultad soberana, y voluntariamente aceptado que sus ciudadanos puedan ser sometidos a una jurisdicción judicial colocada por encima de ellos. Hasta ahora, y desde los juicios de Nüremberg, sólo los derrotados fueron sometidos a una jurisdicción ajena. En cierto sentido, las propias Naciones Unidas (y antes la Liga de las Naciones) fueron actos

que significaron la globalización política del mundo, pero a pesar de su ambiciosa armadura fueron el producto de los vencedores, y sus resoluciones pueden ser
desconocidas por los estados afectados. A menos que
se les impusieran por la fuerza. Y eso se ha probado
una y otra vez. Con todo, existía un foro mundial.

A la par, tratados bilaterales fueron construyen-
do una telaraña de relaciones que los estados se obli-
gan a aceptar, en todos los terrenos, desde los comerciales y culturales hasta los penales de extradición. La
nueva corte supone un paso más, aunque limitado por
su falta de universalidad.

Otro hecho que viene a complicar aun más el
panorama consiste en que, en virtud del desarrollo desigual y combinado propio del capitalismo, en las esfe-
ras del gran capital, de los conglomerados gigantes y
de las grandes corporaciones subordinadas, se ha ido
produciendo una erosión del estado-nación centrado
en sí mismo y la consiguiente desaparición del vínculo
entre la esfera de producción y la de acumulación, que
acompaña al debilitamiento del control político y social
que había sido determinante, tal como dice Amín[7], en
tanto las medianas y pequeñas empresas siguen estre-
chamente ligadas a dicho estado. En virtud de su per-
tenencia real a varios estados, aquel capital se ha recompuesto "como elemento constitutivo de un sistema
integrado de producción mundial"[8]. Ya volveré sobre
esto en el capítulo siguiente, dando abundantes ejemplos de tal mundialización del capital.

---

[7] AMÍN, SAMIR. *Op.Cit.,* págs 16-17, 76 y 81
[8] *Ibidem,* pág. 16

2

Globalización.
Movilización de capitales

En junio del año 2005 Goodyear Tire & Rubber, la mayor empresa productora de neumáticos de Estados Unidos, volvió a anunciar un cierre de fábricas en ese país y nuevos recortes de personal, que siguieron al despido de 6.500 obreros en los dos años anteriores, a la par que aumentaba su producción en China para reducir costos y mejorar su competitividad frente a empresas rivales. Con esas medidas ha logrado salir de las pérdidas acumuladas en 1999-2003, con ganancias netas, por primera vez, de 116 millones de dólares en el 2004 [9].

El hecho no es excepcional, ni se reduce a Estados Unidos. Sólo que opera de muchas maneras diversas. Las grandes empresas norteamericanas y europeas en el área de las manufacturas buscan dismi-

---

[9] El hecho más sorprendente en ese sentido, esencialmente porque el nombre de la empresa está ligado profundamente al folklore de Estados Unidos, fue el anuncio de Bill Ford Jr., presidente de la Junta y nieto del fundador de la compañía automotriz, de que piensa trasladar de hecho a China la mayor parte de sus fábricas. Más adelante me refiero a esto con mayor detalle.

nuir costos en mano de obra y se dirigen allí donde la fuerza de trabajo es más barata. Los países recipientes de esas inversiones directas son México (en virtud del tratado de libre comercio con Canadá y Estados Unidos), Centroamérica y República Dominicana (por el tratado de la Cuenca del Caribe) y algunos países asiáticos (desde China y la India). Además se produce un flujo variable a algunos países africanos. Pero existen tendencias muy poderosas que movilizan capitales ya radicados hacia nuevos lugares, fundamentalmente a China[10]. Y, a la par, un comercio exterior creciente entre China y países tercermundistas o "en desarrollo" tanto con los que reciben capitales externos dirigidos a la inversión directa en manufacturas como los que reciben escasa inversión de tal tipo. China compra en todos ellos materias primas para sus industrias y les vende productos manufacturados.

Eso en líneas generales, pero observando más de cerca, aparecen muchas complejidades. Por ejemplo: en Centroamérica y la República Dominicana se ha planteado un movimiento de los propietarios locales de maquiladoras en defensa de la competencia de China y Asia. Se trata de propietarios locales de empresas que fabrican prendas de vestir; pero ellos representan sólo alrededor del 25% de la industria, pues el otro 75% corresponden a capitales extranjeros, en las siguientes proporciones: el 44% a empresas de Estados Unidos y el 31% a Corea del Sur, Taiwán y China (¡sic!).

Lo anterior nos indica que el panorama y las tendencias de las inversiones son algo mucho más contradictorio de lo que puede parecer a simple vista.

Pero algunas consecuencias son inevitables: el movimiento general tiende a expandir el capitalismo, ya que las inversiones directas de capital industrial llevan

---

[10] Las inversiones extranjeras directas (en fábricas) en China llegaron a casi 161 mil millones de dólares en el año 2004.

consigo relaciones capitalistas de producción. Por lo tanto, a expandir la globalización. Pero, a su vez, lleva a la desindustrialización de países industriales por antonomasia (Europa Occidental y Estados Unidos), y no sólo en las manufacturas "modernas", sino también en las más antiguas (y con mayor utilización de mano de obra); Italia, el exportador de muebles por excelencia en el mundo, ha sido desplazado por China en el 2005, al alcanzar las exportaciones de ésta los 13.000 millones de dólares. Con la industria del calzado de cuero pasa algo similar.

A la vez, los movimientos de capitales resultan en consecuencias contradictorias para los países que se beneficiaron por la baratura de su mano de obra y la existencia de tratados especiales con los grandes mercados consumidores (los países "centrales", Estados Unidos y Europa Occidental) tal como se vio en el caso de Centroamérica y la República Dominicana, lo que ocurre con el mismo dramatismo en África: a favor de una ley a término de Estados Unidos que favoreció la importación de textiles y vestidos desde 23 países ubicados al sur del Sahara, las exportaciones de esas manufacturas llegaron a los 2.300 millones de dólares en el año 2003. Pero al expirar la ley, las inversiones comenzaron a trasladarse a China y a la India. Aunque su mano de obra es sumamente barata, otros costos afectan la capacidad competitiva de las manufaturas africanas: el gasto excesivo y el precio de la electricidad, por ejemplo, así como el mal estado y alto costo de los transportes.

Tales hechos producen, como es obvio, desempleo en gran escala en los países afectados, pero previamente, en la etapa de auge, destruyen relaciones no capitalistas. Y esto es algo irremediable. Se hunden en la pobreza más miserable masas ingentes de seres humanos, pero pasan a formar parte del ejército mundial de reserva del trabajo…disponible para ser explotado por otras formas del capitalismo.

Hay más: la compra de materias primas por parte de China y de India en los países tercermundistas y la exportación a éstos de bienes industriales, induce cierto auge económico en esos países, pero a la vez impulsa a sus burguesías a abandonar cualquier intento de invertir en manufacturas y a dirigirse al sector primario de la producción (materias primas –agro y minería con escaso valor agregado), reforzando la tradicional división internacional del trabajo, con consecuencias negativas a largo plazo para quienes se adaptan a ellas. Insisto sobre esto y lo desarrollo más adelante[11]

---

[11] *Nota:* Todos los datos están tomados de fuentes oficiales: Comisión Económica para Latinoamérica y el Caribe, Ministerio de Comercio de China y Oficina Nacional de Estadísticas de China.

3

¿Maduró la globalización?

¿Es positiva o negativa?

¿Cuándo puede darse por iniciado el proceso de globalización bajo el sistema capitalista? ¿Cuándo puede decirse que dicha globalización ha predominado? ¿Cuándo que el mundo está globalizado?

En la revista "La aventura de la historia", que aparece en España[12], Teresa Cañedo-Argüello sostiene que la incorporación de América al control europeo constituye "los albores del primer orden económico mundial", aunque el carácter expansivo del capitalismo aparece antes, con las factorías italianas y portuguesas en Medio Oriente y África. Es sin duda así: "las bases" del orden mundial capitalista fueron puestas por la conquista de América, y ésa es la primera señal de que ha aparecido un sistema con pretensiones de mundialización y con capacidad para llevar a cabo la globalización del mundo.

La humanidad constituyó desde su aparición una especie trashumante y colonizadora, y desde que aparecieron grandes civilizaciones éstas trataron de expandirse: Babilonia, Nínive, Egipto, China, las conquis-

---

[12] Año 4, N°42.

tas de Alejandro, Roma, los Incas, el Islam, cualquiera fuese el sistema de producción en que se basaran, trataron de imponerlos sobre "el mundo", pero éste estaba demasiado fragmentado, cubierto de sistemas heterogéneos y por civilizaciones desconocidas entre sí. Sólo desde que la burguesía impone su impronta "todo el mundo conocido" es todo el orbe, y el sistema capitalista se expande más allá de las conquistas militares.

El capitalismo tiene el potencial de globalizar el mundo, y no hay duda de que en los últimos años ha "alcanzado dimensiones planetarias", tal como lo admiten aun los que sostienen que todavía falta muchísimo espacio por cubrir, como Boron [13]. Puede decirse que el capitalismo es ampliamente predominante y que "sus leyes de movimiento se imponen aun en países como China, Cuba y Viet-Nam, incapaces de ponerse a cubierto de (su)...lógica...que rige la marcha de la economía mundial" [14]. Pero no puede decirse que el mundo se ha globalizado ya totalmente, no sólo porque aun existen amplias zonas geográficas que se mantienen en estadios inferiores de producción, sino también porque otras (como China, Cuba, Viet-Nam, Filipinas, Malasia o Singapur), aunque influidas por el capitalismo mundializado, no se han integrado a él. Más: la mayor parte de los países, aun los de mayor peso dentro del capitalismo y con mayor "nivel" capitalista, siguen comportándose como entidades separadas en cuanto al destino de su producción y a la circulación de mercancías, dirigidas preferentemente al mercado interno. En términos proporcionales alrededor del 80% del producto global mundial tiene ese destino, que se mantiene a través de los años (lo que no quiere decir que no hayan crecido las exportaciones y las importaciones, pero en forma paralela al comercio interior).

---

[13] BORON, JULIO A. *Op.Cit.*, pág 141
[14] *Ibidem.*

Un problema especial lo plantean las corporaciones transnacionales, que han ido expandiéndose por el mundo mediante fusiones, carteles, pactos y acuerdos, compras, inversiones minoritarias en otras empresas y el establecimiento de sucursales en prácticamente todos los países del orbe. Quienes pretenden negar el alcance de la globalización actual, subrayan el hecho de que dichas "mega-corporaciones" no se han independizado de su base nacional, y, como Chomsky (citado a su vez por Boron), hacen hincapié en "una encuesta efectuada por la revista Fortune, en donde las cien principales firmas transnacionales del mundo, sin excepción, declararon haberse beneficiado de una manera u otra con las intervenciones que realizaron en su favor los gobiernos de "sus países", y un 20% reconoció haber sido rescatado de la bancarrota gracias a subsidios y préstamos de diverso tipo concedidos por los gobernantes".[15]

Sin dejar de ser cierto, lo anterior es un poco ingenuo; no tiene en cuenta que esas "megacorporaciones", oligopólicas en sí mismas y por grande que sea su tamaño, no son independientes, sino que pertenecen, a través de una vasta maraña de inversiones, a grandes grupos de dimensiones colosales, que reparten sus intereses por el mundo y que se entrelazan directamente o a través de empresas subordinadas. Esto no es de hoy: ya en 1972, yo señalaba[16] que "la economía mundial está, en última instancia, en manos de no más de una docena de gigantescas corporaciones, que controlan los mercados a través de sus subsidiarias...". Y ejemplificaba: General Electric, dependiente del grupo Morgan, uno de los tres conglomerados colosales de Estados Unidos, está vinculado con SOFINA, que es a su vez propietaria de Westinghouse de Gran Bre-

---

[15] *Idem. Idem,* pág. 143
[16] VIÑAS, ISMAEL. *Capitalismo, monopolios y dependencia.* Centro Editor de América Latina. Buenos Aires, 1972. Págs. 67-68.

taña y de Phillips de Holanda, la que a su vez tiene el control de AEG de Alemania, y, por lo tanto, participación en Osram. El grupo Rockefeller (otra de esas megacorporaciones norteamericanas) fue obligado por un fallo judicial de 1911 a dividir la empresa Standard Oil, para evitar su papel monopólico en los mercados petroleros, pero mantuvo su control sobre las corporaciones separadas, y desde 1928 tiene un acuerdo de cartel con la Royal Dutch-Shell para fijar los precios del petróleo y el reparto del mercado. Después ha incorporado a SONY (Standard Oil of New York, sólo una sigla) a través del Citibank.

Desde entonces las fusiones, inversiones mutuas, compras del control de unas empresas por otras, pactos de cartel, acuerdos de caballeros e inversiones fuera del territorio de origen han aumentado de modo extraordinario, al punto de que algunas empresas tienen más intereses en el "extranjero" que en el país donde tienen sus oficinas centrales. Cuando una corporación obtiene un favor especial de un gobierno, lo que eso indica es más bien la influencia que ejerce sobre él y no que conserve su base nacional: concesiones similares pueden obtenerse en otros países si allí se tiene alguna filial con peso suficiente para lograrlo. Puede ocurrir que tal filial sea una combinación de aportes de diversas corporaciones. ¿Y cuando se trata de la fusión de corporaciones de diferentes países?[17]

---

[17] Para dar ejemplos de tales fusiones, basta con mencionar algunos muy viejos, como Unilever, el emporio del jabón holando-británico con control sobre el mercado; Royal Dutch Shell, también de Holanda y Gran Bretaña; FIAT-Citroën, italo-francesa fusionada en 1968; SETEL, de mecanismos teleguiados formada por Finmecanica de Italia, Telefunken de Alemania, AEL de Bélgica, Thomson-Houston de Francia y Phillip de Holanda; General Motors-Honda-Suzuki (de la que GM se ha desprendido al entrar en dificultades); Airbus, de Francia, Alemania y Gran Bretaña; Ford-Toyota -Mazda-Volvo-Jaguar; Chrysler y Mercedes Benz; Alcatel y Lucent Technologies de Francia y EE.UU. La lista de interna-

La ingenuidad a que me refería deriva del hecho de tener en cuenta lo que informa una revista como Fortune, ligada a conglomerados de difusión, sin analizar qué hay más allá de su periodismo de divulgación. Tanto más cuanto al adoptar un punto de vista más amplio hubieran ratificado el papel asignado a los monopolios, que por cierto ni Chomsky ni Boron ignoran, cada vez mayor a medida que avanza la globalización. Aunque eso debilitara un tanto sus argumentos reticentes a reconocer el avance mundial del fenómeno.

Y aquí es donde recordamos lo que dijimos en el capítulo anterior: El gran capital, el de los conglomedos gigantescos (que corresponde exclusivamente a las grandes potencias), ha llegado a que se ponga por encima del "sistema de producción nacional autocentrado" y se ha recompuesto como el elemento constitutivo de un "sistema integrado de producción mundial", para decirlo de nuevo, con palabras de Samir Amin[18]. Se puede afirmar que en estos momentos funcionan conjuntamente dos capitalismos: El del gran capital y el de las pequeñas y medianas empresas, pero es el primero el que domina y su lógica la que se impone y prevalece.

Para no confundir a los lectores y para ser justos con Boron y otros que intentan demostrar que la globalización esta lejos de haberse impuesto en el mundo, agreguemos que es cierto que en éste 9 personas de cada 10 trabajan para los mercados internos de sus países y no para la exportación (aunque tal estadística debe ser examinada críticamente, porque no produce lo mismo un obrero de la construcción o un campesino que un trabajador calificado de fábricas de alta composición de capital), y asimismo, que una se-

---

cionalización del gran capital es larga, y sigue creciendo y modificándose.

[18] AMIN, SAMIR. *Op.Cit.*, pág.16

lección de países de alto desarrollo capitalista (Francia, Alemania, Japón, Holanda, Gran Bretaña y Estados Unidos) indica que sólo dos, Alemania y Estados Unidos, han aumentado su comercio internacional en relación con su PBI entre 1913 y 1995, y aun así, ligeramente, y que otra selección que suprime a Holanda y agrega Austria y Suecia, indica que en todos los casos los gastos del gobierno, entre 1970 y 1995 han aumentado sensiblemente en relación con el PBI. En conjunto, resulta evidente que la globalización está lejos de haberse impuesto en el mundo y que existen fuerzas contrarrestantes, nacidas en cada país, que se le oponen, en algunos casos como resultado de las leyes del mercado operando libremente y en otros como consecuencia de decisiones deliberadas de los gobiernos.

Pero anotemos: Más allá de los efectos negativos y aun terribles que provoca la globalización, tal como se verá más adelante, "es (a la vez) un hecho positivo, un progreso en la historia", tal como lo señala Amín[19], aunque no aclara porqué. Lo haré, sin dejar de repetirlo cuando describa aquellos efectos.

Tal como el imperialismo en general, la globalización, que no es otra cosa que su forma actual, es progresiva porque es consecuencia inevitable del capitalismo: Este no puede dejar de ser expansivo, aunque a la vez, dialécticamente, los monopolios significan un momento en que el sistema se ha vuelto un freno para las fuerzas productivas en lugar de contribuir a liberarlas. Además, la globalización es una tendencia positiva por cuanto significa la incorporación al capitalismo de zonas regidas por sistemas de producción arcaicos. Mundialmente, aunque destruya industrias en determinados lugares, tal como se vio en el capítulo anterior.

---

[19] AMIN, SAMIR. *Op.Cit.*, pág. 95

La Argentina, donde escribe Boron, constituye un caso singular: Además de no poder resistir la competencia de industrias ajenas, por razón de un mal manejado proteccionismo y condiciones de trabajo excesivamente buenas en relación con su productividad (y, por consiguiente de su competitividad), los gobiernos condujeron totalmente mal las privatizaciones, sobre todo en las presidencias de Menem, así como se había manejado mal el proteccionismo durante los primeros gobiernos de Perón.

En resumen: La globalización, o la tendencia hacia ella, no es sino una etapa más del imperialismo, con todas sus características. "...El imperialismo (y, por lo tanto, la globalización) es una fase (del capitalismo) durante la cual se difunden por el mundo las formas capitalistas de producción"[20]. Ya lo decían los clásicos: "...el capitalismo (y por lo tanto el imperialismo) es un sistema que tiende al aumento ilimitado de la producción...que es progresivo...comparado con los sistemas sociales que le precedieron." Eso no impide que cree a su paso hambre y miseria, al destruir las formas arcaicas de producción, convirtiendo a las masas en mano de obra disponible, parte del ejército mundial de reserva del trabajo, y también al destruir las formas capitalistas por diversos métodos –tal como lo hizo Inglaterra con Irlanda[21]. Por último, en la actual fase de la globalización creció aun más el torrente de flujos financieros que caracterizaron al imperialismo desde sus orígenes. En una época de espectacular crecimiento de las inversiones directas, y del producto y el comercio mundiales, el flujo financiero los ha superado por mucho. El "capitalismo parasitario" al que se refería Lenin se ha expandido y multiplicado hasta superar en quinientas veces al comercio

---

[20] VIÑAS, ISMAEL. *Op.Cit.*, pág.18, en nota al pie. Lenin, en su discusión con los populistas rusos. Los agregados entre paréntesis son del autor.

[21] *Idem. Idem*, págs. 42-43.

mundial (se estima que inmediatamente después de la Segunda Guerra Mundial los superaba en cinco veces, lo que da una idea de su desarrollo extraordinario y de la rapidez de ese desarrollo)[22].

La globalización como nuevo espacio de desarrollo de las fuerzas productivas

Marx sostenía que "al llegar a una determinada fase de desarrollo las fuerzas productivas materiales de la sociedad chocan con las relaciones de producción existentes..." "De formas de desarrollo de las fuerzas productivas, dichas relaciones se convierten en trabas. Se abre así una época de la revolución social: al cambiar la base económica se revoluciona, más o menos rápidamente, toda la inmensa superestructura erigida sobre ella... Pero las fuerzas productivas que se desarrollan en el seno de la sociedad burguesa brindan, al mismo tiempo, las condiciones materiales para la solución de tal antagonismo. Con esa formación social se cierra, por tanto, la prehistoria de la sociedad humana".[23]

Asimismo, Marx creía que el capitalismo ("la sociedad burguesa") había alcanzado su pináculo en parte de Europa Occidental y en Estados Unidos, y que eso había abierto las "condiciones para la culminación de tal antagonismo", es decir, para la apertura del proceso que llevaría al comunismo. La turbulencia política de esos años (la Guerra de Secesión en Estados Unidos, la Guerra franco-prusiana, la Comuna de París, la formación y expansión de la Internacional) lo convencieron de que se había abierto el período de revolución.

---

[22] BORON, JULIO A. *Op.Cit.*, págs. 140-141
[23] MARX-ENGELS. Prefacio a la *Contribución a la crítica de la economía política. Obras escogidas*, T. I. Ediciones en lenguas extranjeras, Moscú, 1951.

Lenín vio el fracaso de ese sueño, pero también algo de cuya existencia Marx apenas había atisbado el comienzo: el desplazamiento del capitalismo de libre competencia por el capitalismo de los monopolios. Advirtió que éstos abrían una nueva etapa de las formas de relación capitalista, ya que eran tales monopolios los que se constituían en trabas al desarrollo de las fuerzas productivas, con lo cual, sostuvo, se abría el paso a la revolución.

Pero ambos vivieron inmersos en un mundo relativamente estrecho, centrado en Europa y Estados Unidos, y no advirtieron el inmenso espacio que quedaba abierto para la expansión del capitalismo. No soñaron siquiera el papel que estaba llamado a jugar el fenómeno que ahora llamamos "globalización" con toda su complejidad. La globalización, en efecto, abrió las puertas a un desmesurado desarrollo capitalista sobre territorios inmensos, a nuevas y gigantescas implantaciones de fuerzas productivas y a su desarrollo bajo las formas de producción burguesas. Pero, justamente, por la acción y bajo el predominio de los monopolios, del gran capital, jugando las pequeñas y medianas empresas un papel importante, pero subordinado.

El malentendido reinante en el marxismo llevó a una ola de revoluciones a partir de la dirigida por los bolcheviques en 1917 en el oriente de Europa y parte de Asia, y a la elaboración de "teorías" que partieron de considerar posible que el socialismo se implantara en países de bajo desarrollo capitalista dado el "tope" alcanzado en los países centrales. La historia daría sus vueltas, y de la constitución de un mundo "rojo" opuesto al dominado por el capitalismo, se pasaría a la situación actual, tras el derrumbe de ese mundo.

Dicho de otro modo: la historia demostró, bien acabadamente, que la teoría de Lenin y sus continuadores también se basaba en una ilusión, debida en gran parte a su voluntarismo revolucionario. Lo demostró la historia de un modo doble: nunca progresaron los países donde se implantó el llamado "socialismo real" como etapa de transición al comunismo (y menos en los que hoy subsisten); y, además, la implosión de la Unión Soviética y la desintegración de los regímenes establecidos en sus fronteras fue el hecho más notorio que ha llevado de un modo casi inmediato a la expansión del capitalismo.

También, es casi obvio decirlo, la globalización ha dado una extensión mucho mayor a la crisis del año 2008 en comparación con la llamada "gran depresión" de 1929, iniciadas ambas en el sector bancario de Estados Unidos. Una extensión casi mundial. El problema es (al escribir esto estamos sumergidos en dicha crisis): esa mayor extensión ¿la hará menos manejable de lo que fue esa "gran depresión?. La respuesta sólo la tiene el futuro.

4

Pobreza y hambre

"El desarrollo desigual y el nivel de vida de las masas semi hambrientas son las condiciones y las premisas básicas e inevitables del capitalismo".
Carlos Marx
"El Capital"
Tomo I, sección 3ª

Nuestra época conoce el hambre, el semihambre y la pobreza en escala gigantesca: 2.500 millones de seres humanos en el mundo viven con el equivalente de dos dólares diarios, según declaró Juan Pablo De la Iglesia, director de la Agencia Española de Cooperación Internacional, en la reunión de la "Conferencia Latinoamericana sobre el Hambre Crónica" realizada en Guatemala en 1955. Esto equivale al semi hambre, pero el mismo De la Iglesia advirtió que tales estadísticas globales son engañosas: un alto porcentaje de esos 2.500 millones de personas mueren de hambre lisa y llanamente. Agregó, para clarificarlo, que el informe de la Organización de las Naciones Unidas para la Agricultura y la Alimentación (FAO), de donde proceden esas sombrías cifras, es engañoso en ese sentido, pues detrás de las "medias estadísticas" se ocultan las disparidades más atroces. Así, ese informe indica que un 17% de la población de los países en desarrollo (en los que se acumula la pobreza mundial) sufre hambre, pero eso oculta que en algunos países y regiones la situación es mucho peor. La pobreza extrema en África Central es la más alta del orbe, pues el 55% de su población la padece, mientras que en África del Norte la cifra es del 38% y en África Oriental llega al 40%. De modo similar, en Latinoamérica 222 millones de personas sobre 500 millones de habitantes viven en la pobreza extrema y el hambre crónico, lo que indicaría una situación menos horrenda, pero aquel mismo informe revela que en Centroamérica el porcentaje es del 20% y en Haití del 45%.[24]

Se trata, dijimos, de miseria y hambre crónica, ancestral, que han crecido en número a medida que crece la población, pero que, incluso, han aumentado en forma desproporcionada pues las mismas tierras han debido sustentar (si así puede decirse) a mayor cantidad de gente, y eso ha extendido la deforestación y el arrasamiento.

En el año 2006 el Programa Mundial de Alimentos de las Naciones Unidas lanzó una lotería para obtener fondos a fin de atender a los 146 millones

---

[24] De nuevo nos encontramos con lo que ocultan las estadísticas: aun entre los países de Centroamérica hay diferencias, y Guatemala constituye uno de los casos más típicos; allí, además, existen diferencias entre distintas regiones. El país ocupa el sexto lugar en el mundo por la proporción de sus habitantes que padecen "desnutrición crónica"; pero esa situación es mucho más grave en la meseta occidental, poblada por indígenas en su totalidad y absolutamente rural. En esa zona, casi el 50% de los niños sufren de "hambre crónica". Además, Guatemala tiene una fragilidad extrema ante los fenómenos de la naturaleza: en octubre del 2005 el huracán Stan azotó el país, dañando el 75% de su territorio. En consecuencia, a mediados del año siguiente casi 300.000 personas dependían para comer de la ayuda internacional prestada por el Programa para Alimentos, de las Naciones Unidas. En la meseta, el 89% de la población padecía de desnutrición, según informó esa entidad. En el país, trece millones de habitantes, más de medio millón de niños de hasta 5 años sufrían desnutrición.

de niños que corren peligro de morir de hambre en África, Asia y América Latina. La UNICEF hizo conocer que, efectivamente, en esos momentos 4,6 millones de niños morían por inanición anualmente.

Algunos de los críticos de la globalización bajo su forma actual le atribuye el aumento de la miseria y el hambre, sobre todo allí donde ha destruido sistemas de vida más primitivos, y algunas cifras parecen sugerir que es cierto, pues a pesar de los esfuerzos que se han hecho últimamente en luchar contra la pobreza extrema, el informe de la FAO citado indica que desde los años 90 ha descendido el ritmo de su erradicación. En algunos casos particulares, como el de Argentina, la extensión súbita de esos males se debe a la crisis de los 90, que cerró fuentes de trabajo en gran escala[25]. Y lo mismo cabe decir de ciertas zonas del mundo en las cuales la globalización creó industrias, que luego fueron desmanteladas y trasladadas a

---

[25] El caso de la Argentina es ilustrativo en muchos sentidos: debido a la grave crisis que padeció a comienzos de los 90 del siglo pasado, la incidencia de la pobreza, que había llegado al 32,4% de la población en 1998, saltó al 51,4% en el 2002. La llamada población pobre subió de 11.219.000 a 18.219.000 habitantes y aquella en condiciones de indigencia de 3.242.000 a 7.777.000. El NE del país presenta los mayores niveles de miseria estructural proporcionalmente a su población, pero como ésta se acumula en la Capital Federal y en el llamado Conurbano, es en éste donde reside la mayor cantidad de pobres: La mitad de los registrados en el país: 1.042.000 hogares (el 27% del total) y 4.365.000 personas (el 34%). Estas cifras y porcentajes han sido extraídos del trabajo del Ing. Leonardo Yurcovich "Geografía de la pobreza y el hambre", que a su vez utiliza numerosas fuentes oficiales y extraoficiales.

Pero para apreciar lo que significa la miseria en todo su dramatismo se puede recurrir a la nota de Natalia Kido, de la agencia EFE, de agosto del 2002: haciendo hincapié, sin decirlo, en lo que ocultan las estadísticas, informa de las muertes por desnutrición de indígenas en la Provincia del Chaco (que forma parte de la región NE). Cita a ENDEPA, que depende de la Conferencia Episcopal, organismo que asevera que en Chaco viven 50.000 indígenas y que la situación de miseria total se advierte también en las provincias de Formosa (NE) y Salta (NO).

otras regiones donde resultó más conveniente instalarlas por la baratura de la mano de obra y otros costos.

Pero estos datos pavorosos no nos deben hacer olvidar que también en los países ricos o del Primer Mundo existen pobreza y miseria. En Estados Unidos, según los censos y en palabras de Anthony Alfieri, director del Centro por la Etica y los Servicios Públicos de la Universidad de Miami, "la proporción de la pobreza subió del 12,5% en el año 2003 al 12,7% de la población en el 2004. En números: 37,1 millones de personas viven en la pobreza". Pero ésto no afecta a toda la población de la misma manera: en la negra, la población de pobres alcanza al 24,7% y entre los"hispanos" (originarios de Latinoamérica) al 21,9%, según datos del año 2004.

Tales índices de pobreza son algo más altos en los estados del sur, donde alcanza un 14,1% en promedio, con sus puntos mayores en algunos, como Louisiana, donde llega al 19,4%.

Claro está que también en este caso debe advertirse que las estadísticas generales ocultan la verdad: según los criterios fijados por el gobierno federal de los Estados Unidos, se considera que una familia de cuatro personas vivía en la pobreza (en el año 2001) si sus ingresos anuales estaban por debajo de los 18.104 dólares, o por debajo de los 9.039 si se trataba de un individuo solitario. Tal estimación arroja promedios que están muy por encima de los dos dólares diarios que estiman para el mundo en general las organizaciones internacionales. Pero, además de que la vida en Estados Unidos es más cara que en los países en desarrollo, estos datos son sólo medias estadísticas, y hay una parte de la población que tiene que vivir con ingresos mucho menores (con todo que nadie puede vivir como un ser humano con 9.000 dólares anuales). Otros datos estadísticos (del Instituto sobre Hambre, Pobreza y Política Alimenticia de la Universidad de Tufts, de Massachusetts) señala que en año 1995 el 10,6% de los hogares conocía preocupaciones sobre el suministro de comidas, y el 15,4% de aquellos donde había menores de 18 años. Y la organización "Second Harvest" (segunda cosecha), que colecta alimentos para servicios a los necesitados, indicó que en el año 1997 más de 21 millones de personas usaron sus programas. También en este caso el porcentaje de pobres ha aumentado, en los últimos diez años, en cifras que van del 0,5 al 0,7%, según las mismas fuentes.

Como dato ilustrativo del funcionamiento del sistema, señalemos que según un informe de TNS Financial Services, difundido en marzo del año 2006, el número de familias con una riqueza calculada de al menos un millon de dólares, sin contar con la residencia principal, había llegado a la cifra récord de 8,9 millones. Como una nota paradójica: los presidentes ejecutivos de empresas que trasladaron fuentes de trabajo al exterior, creando desocupación en el país, tuvieron aumentos salariales cinco veces mayores que el promedio de sus pares: el salario promedio de esos ejecutivos fue de 10.400.000 dólares. Pero en este caso también las estadísticas son engañosas: el presidente ejecutivo de United Technologies Corp. ganó ese año 70,6 millones, y el de Citigroup, 54,1 millones. Se trata de empresas ligadas a la globalización, como resultado del traslado de empleos.

Aclaremos que ningún país del Primer Mundo está libre de pobreza, y como dato meramente ilustrativo anotemos que Alemania, el más poderoso de Europa, tenía en el año 2005 casi cinco millones de desempleados, y que Holanda registra un 6,7% de su población debajo del índice de pobreza (que en la provincia de Groningen llega al 11%, para recordar lo de las estadísticas medias de que hablamos antes).

La Confederación Internacional de Sindicatos Libres dio a conocer en marzo del año 2006 un informe que permite, según la organización, ver cual es la otra cara de la moneda del ingreso de China a la globalización. Según dicha central sindical, desde que China entró en la Organización Mundial de Comercio en el año 2001, lo que acentuó la liberalización de la economía, la situación de sus trabajadores ha empeorado gravemente: "Semanas laborales de 60 y 70 horas, con salarios inferiores al mínimo, ya de por sí muy bajo, y fijado en apenas 44 dólares al mes...un16% de los trabajadores, lo que significa que unos 250 millones de personas, ganan menos de un dólar al día, y el desempleo es masivo"..."Sólo uno de cada 16 asalariados tiene derecho a cobrar desempleo..." denuncia el informe.

Los periodistas suelen aducir que desde que China se abrió a los mercados "han salido de la pobreza" millones de personas. "Decenas de millones" dice Jane Bussey (columnista sindicalizada) en columna aparecida en los periódicos norteamericanos en los primeros días de abril de 2006, y 250 millones afirma por su parte Andrés Oppenheimer en las mismas fechas en "The Miami Herald" y diarios asociados. Ninguno de ellos cita fuentes, pero probablemente se basen en los informes de las Naciones Unidas aparecidos desde setiembre de 2005, que afirman que 300 millones de personas han sido sacadas de la pobreza. Tal afirmación parece ser real, tomada en término de dólares. Lo cierto es que desde entonces se ha generado un sector amplio de ricos y muy ricos en la población, y, por consiguiente aparece una gran, extensa franja de pobres y obreros mal pagos. Ya volveremos sobre ésto, pero lo evidente es que en China se dan condiciones semejantes a las del capitalismo primitivo en los orígenes del sistema en Europa, con una altísima tasa de explotación directa, aunque en conjunto la sociedad se mueve en una especie de capitalismo ultramoderno, de alta tecnología, con millonarios aventureros en la cima de su economía privada. Diversos cálculos establecen que existen en el país 6 multimillonarios, 400 personas con fortunas de 60 millones o más y 399.900 millonarios (sic). 200 millones de personas vivirían con menos de un dólar por día. Según un informe del Banco Mundial de noviembre del 2006, un décimo de la población china, que se encuentra en esas condiciones, ha visto disminuir sus ingresos en un 2,5% entre 2001 y 2003.

Las cifras globales sobre miseria y hambre comprenden a los desplazados por causas naturales (como huracanes, tifones o terremotos) asi como a los refugiados en campamentos por las guerras tribales o civiles. Para darse una idea del número, puede tenerse en cuenta que el Alto Comisionado de las Naciones Unidas para los Refugiados ha estimado que en el año 2006 vivían en esas condiciones 6,2 millones de personas –para lo que se contaba sólo a los que residían en tal situación un mínimo de cinco años.

Para agregar a este cuadro de horror, puede anotarse que en ciertas zonas de los todavía llamados países del mundo en desarrollo perdura el trabajo esclavo y semiesclavo (sin paga alguna o una pequeñísima) con capataces armados que vigilan a los obreros. Estos viven en el mismo lugar donde trabajan, en condiciones precarias, sin asistencia médica ni cuidados sanitarios.

La esclavitud plena persiste en lugares de Africa, y la de hecho en otros de Latinoamérica. Por ejemplo, en las zonas selváticas de Brasil y Perú, en los campamentos dedicados a la producción de carbón de madera o la extracción de oro y también en la apertura de claros en el bosque para convertirlos en pasturas para el ganado. Una triste ironía que descubrieron las organizaciones de defensa de los derechos humanos, que investigaron estos últimos casos, consiste en que el carbón obtenido en esas condiciones se utiliza para producir arrabio, un componente básico, a su vez, para la producción del acero, y que éste, finalmente, es adquirido por empresas como Ford, General Motors, Toyota, Köler o Whirlpool para sus fábricas.[26]

---

[26] En el informe titulado "Arresting Transnational Crime" publicado por el Departamento de Estado de los EE.UU. en agosto del 2001, se estima que en el mundo vivirían alrededor de 27 millones de personas en condiciones de esclavitud.

5

Nueva fase imperialista

El 9 de marzo del 2006, Nasdaq Stock Market Inc., de la Bolsa de Nueva York, hizo una oferta para comprar el mayor mercado de acciones de Europa, el London Stock Exchange (la Bolsa de Londres), a 0,950 peniques la acción, con la intención de crear el primer mercado trasatlántico de valores. Londres rechazó la oferta aduciendo que se subestimaba al LSE, y Nasdaq la retiró. Pero apenas dos semanas después Nasdaq adquirió 38,1 millones de la Bolsa de Londres por 1,175 peniques por acción, incluyendo las 35,4 millones de Threadesdle Asset Management, que era su mayor accionista. A eso siguieron complicadas maniobras que incluyeron una oferta hostil de parte de Nasdaq. Entretanto, mientras el principal responsable de Nasdaq, S.M.I. demoraba las conversaciones de fusión entre las dos, el NYSE (New York Stock Exchange) llegó a un acuerdo con Euronext NV de París, la segunda Bolsa de valores más importante de Europa, para fusionar ambas, uniendo así mercados de acciones y opciones en esas dos ciudades con las bolsas de Chicago, San Francisco, Amsterdam, Bruselas, Lisboa y Londres, con lo que manejará operaciones en acciones por 2,1 billones de dólares al mes, el doble que Nasdaq. Poco después, la NYSE se lanzó a lo que los comentaristas llamaron el "mercado mundial" con compras de acciones en Tokio y Bombay. Pero un año y medio más tarde, llegaron a un acuerdo Nasdaq y BordeDubai, que permitió a este holding de los Emiratos Árabes Unidos convertirse en accionista de la bolsa electrónica neoyorkina (con un 19%) y de la Bolsa de Londres (con 28%), al tiempo que la autoridad de inversiones de Qatar adquiría un 20% de esta última.

El 12 de diciembre de 2007 la FED (el equivalente, hasta cierto punto, de un Banco Central para Estados Unidos), el Banco de Inglaterra, el Banco Central Europeo, El Banco Nacional Suizo y el Banco de Canadá, decidieron unir fuerzas para hacer frente a los problemas globales de liquidez.

De por sí estos hechos constituyen una prueba concluyente de que la globalización del capitalismo avanza a grandes pasos, pero a la vez de que no es "inocente", aunque esté en el carácter expansivo del sistema. Y no lo es, porque sus actores son los grandes capitales, los gigantescos conglomerados que se ubican en lo más alto de éste, guiándolo en su beneficio y provecho.

Eso no ha cambiado desde que el reinado de la libre empresa desapareció, sólo se ha intensificado con el tiempo, acentuándose los rasgos que constituyen el imperialismo económico, como lo he ido señalando a lo largo de este ensayo, pero apareciendo nuevas características en su expresión política y militar.

Tales nuevas características no nacen en los cambios ocurridos en el interior de los países capitalistas (acrecentamiento de la concentración y centralización de capitales y acuerdos por encima de las fronteras nacionales, en proporción creciente) sino de lo que fue sucediendo en el mundo: la casi desaparición total de las colonias, en tanto se libraron las últimas grandes guerras coloniales (Argelia, Viet-Nam), avances del llamado "socialismo real" hasta llegar a establecerse en la zona de influencia directa, en el "patio trasero" de la nación que ha surgido como potencia dominante en el orbe capitalista. Estados Unidos, que conoció la humillación de la transformación de Cuba de semicolonia en avanzada de dicho socialismo; guerras en las zonas fronterizas entre los dos sectores en que se dividió el mundo (Corea, Afganistán, intento de invasión a Cuba desde los Estados Unidos); y lo que pareció el congelamiento de la historia por un tiempo, con el establecimiento de la "guerra fría". Y después, el colapso de la Unión Soviética y el cinturón europeo de "democracias populares".

Al fin, todo parecía, en la apariencia, apuntar a un largo período de hegemonía incontrastable del imperialismo de los Estados Unidos, apenas amenazada por la conversión del Mercado Común Europeo en Unión Europea, que está sin embargo frenada por sus contradicciones interestatales y sus problemas para avanzar hacia una verdadera unión política. Estados Unidos, en efecto, pudo dedicarse a "pacificar" a Sudamérica, en la que habían brotado insurgencias de todo tipo, desde guerrillas más o menos pro cubanas hasta movimientos burgueses populistas, y más tarde a tratar de apoyar el giro hacia democracias de formas republicanas, persiguiendo incluso a sus antiguos aliados dictatoriales (como en Panamá) o aceptando que lo hicieran los gobiernos surgidos de procesos electorales.

En ese marco, el imperialismo político y militar persistió, pero dirigido ahora contra estados débiles o más débiles que el coloso norteamericano, que ocupó brevemente Panamá en una operación de tipo militar, armó a los llamados "contras" nicaragüenses hasta obligar a rendirse al último intento de instalar una forma de "socialismo real" en su patio trasero, el gobierno sandinista, o invadió Afganistán para expulsar del poder a sus antiguos protegidos, los talibanes, y llevó la guerra a Irak en una primera ocasión y luego lo invadió para tratar de instalar una semicolonia. Es en ese sentido que puede hablarse de una nueva fase del imperialismo, en el que ya no existe un mundo colonial para redistribuir por la fuerza, tal como lo describió Lenin, sino sólo estados más o menos débiles, políticamente independientes, que se presentan como presas (fáciles o difíciles, ésa es otra cuestión) para agredir y tratar de convertirlos en semicolonias.[27]

En el camino surgió, sin embargo, un obstáculo algo inesperado: China, que desde su ingreso en el mercado capitalista se convirtió en el país de mayor y más rápido crecimiento económico y que comenzó a expandir sus intereses comerciales y como inversor por el mundo, con un peso político creciente, y cuya voz es adversa en ocasiones a las intenciones del imperio –como en el deseo de la administración de George W. Busch de imponer sanciones a Irán para obligarlo a desistir de sus programas nucleares. La aparición de ese gigante, junto al fiasco (previsible) en que se convirtió la ocupación de Irak (no sólo militar y político sino también económico, ya que llevó a cifras siderales el déficit presupuestario norteamericano) mostró los límites de las agresiones imperialistas en cuanto sus objetivos exceden a los de un país pequeño y sin capacidad de reacción. Estados Unidos puede tener los ímpetus, los intereses y los deseos de ejercer su papel, pero los límites son muy estrechos.

Eso se advirtió con claridad en el cambio de actitud de los políticos y del pueblo norteamericano desde que se lanzó la guerra contra Irak hasta que la ocupación se convirtió en un desastre: al comienzo sólo una minoría del pueblo se opuso a la guerra, y la mayoría de los políticos la aprobó. Los comentaristas políticos de derecha abundaron en declaraciones de que, por

---

[27] Viñas, Ismael. *La nueva etapa del imperialismo.* Editorial Paradiso. Buenos Aires, 2004

fin, Estados Unidos había decidido asumir su papel de "gendarme mundial" y otras expresiones. El gobierno de Busch asumió un tono triunfal y no ocultó sus intenciones de establecer bases permanentes en el país vencido. Pero en cuanto se fue viendo que la "misión cumplida" declarada por Bush se iba convirtiendo en una sangría en soldados y en dinero y la ocupación en un principio de guerra civil, la desaprobación del pueblo influyó en la derrota electoral del Partido Republicano a fines del año 2006 y la aprobación de los políticos se transformó en franca repulsa enttre los miembros del Partido Demócrata y el alejamiento de muchos republicanos. Anótese que el repudio a la intervención en Viet-Nam llegó cuando los soldados muertos sumaban decenas de miles y que, en cambio, en Irak exigió apenas un par de miles.

Es de señalar que aunque en algunos pocos círculos académicos se llama al imperialismo norteamericano por su nombre, como dejé constancia en mi folleto sobre él [28], eso es absolutamente inusitado en los medios masivos de comunicación o en el público en general. En éste, y aun entre personas informadas es común oír frases como: "...Y bueno, Estados Unidos tiene intereses en todas partes, y es inevitable que deba defenderlos..." Algunas veces, cuando se trata específicamente del tema, como si aparece en la conversación la Doctrina Monroe o el papel del gobierno en la secesión de Panamá para la construcción del canal interoceánico, o si alguien se refiere a la guerra con México y el apoderamiento de casi la mitad de su territorio, lo que se admite es el carácter "expansivo" del país, pero nada más. Como si se tratara de una necesidad objetiva impersonal, pero nunca de un acto deliberado y totalmente consciente.

---

[28] VIÑAS, ISMAEL. *Op.Cit.* Ver página 24, donde me refiero a la Universidad Duke, de Durham, North Carolina y la revista que allí se edita.

Advierto ahora que al hablar de imperialismo me he reducido a referirme al de Estados Unidos, y eso constituye hasta cierto punto una deformación impuesta por el hecho de que se trata del único ejemplo de agresividad en escala universal que perdura. Pero no puedo dejar de señalar que en escala mucho menor continúa siendo un país colonizador Rusia, con su actitud ante Chechenia, y que otros países no son más conquistadores porque no pueden, por el peso de la opinión mundial o por su relativa debilidad militar. Y que aún subsisten ocupaciones territoriales no resueltas, como la de Israel en lo que se llama "Margen Occidental del Jordán".[29]

---

[29] A esta altura, y voy a subrayar, ha quedado perfectamente en claro que la invasión a Irak se hizo por el petróleo. Y no sólo lo ha dicho el ex-Presidente de la Reserva Federal Alan Greenspan en sus memorias, sino que EE.UU. presiona para que se vote en el Parlamento irakí una ley concebida para poner la riqueza petrolera en manos de multinacionales extranjeras y la región autónoma kurda ha aprobado su propia ley y entregado las primeras concesiones.

6

La universalización de imágenes, mensajes audiovisuales, gustos y formas de consumo

Hay que resaltar la indignación con que Boron denuncia "la extraordinaria universalización de las imágenes y mensajes audiovisuales que algunos autores han optado por denominar "macdonalización", en referencia a la imposición o consentida adopción de valores, estilos culturales, íconos e imágenes proyectadas a nivel planetario a partir de la singularidad de la ex periencia norteamericana y de un modelo de consumo completamente estandarizado, descontextualizado, fetichistamente igualitario, barato y de baja calidad, cuya representación paradigmática está dada por la cadena de venta de hamburguesas".[30]

El enojo de Boron se justifica hasta cierto punto: Muchos de los "modelos" norteamericanos que se han ido difundiendo por el mundo son, efectivamente, todo lo que él dice, y aun más: la "comida basura", como se la califica en los propios Estados Unidos, es, por ejemplo un atentado contra la salud (una fuente de obesidad entre otras cosas) además de ser un horror desde el punto de vista culinario. Debe acordarse, sin embargo,

---

[30] BORON, JULIO A. *Op.Cit.*, página 141

que aunque en Estados Unidos proliferan los restaurantes de cadenas, que atraen a numerosos comensa-
les por sus precios, que también allí hay infinidad de
comidas deliciosas, como la cajún –de orígen ítalo-
fran-cés–, además de toda la tradición inglesa,
francesa, i-taliana, irlandesa, china, india, etc., que es
posible en-contrar en sus numerosos restaurantes. No
se trata só-lo de eso, sin duda: mucho del cine
producido en los Estados Unidos es francamente malo,
y domina en los mercados internacionales; la lista de
libros bestseller que se leen en el extranjero es una
demostración aca-bada de seudo literatura: los "iconos"
que endiosa la prensa escrita, hablada y visual son
modelos cargados de valores aborrecibles (aunque se
trate de excelentes personas en su vida privada); y así
de seguido: lo que se difunde en gran escala desde los
Estados Unidos es en general vulgar, barato,
desdeñable cuando no pernicioso.

Pero está claro que reducir la producción de
Estados Unidos y su influencia en el mundo a lo anterior sería dar muestras de supina ignorancia. También
ha hecho otros aportes en la ciencia, la técnica y el arte.

Es imposible negar que el cine norteamericano,
junto a mucha bazofia, como cualquier otro, ha producido películas y ha dado actores y actrices que son me-
morables. Nombres y títulos podrían llenar algún espacio con sus menciones: Chaplin, Laurel y Hardy, Orson
Welles, los Barrymoore, la Garbo, Gloria Swanson, para citar sólo muy pocos del pasado. "Luces de la ciu-
dad" y "El ciudadano". Algo similar puede decirse de su
literatura: ¿es posible olvidar la poesía de Walt Whitman,
T.S. Elliot, Ferlinghetti o Allen Grinsberg? ¿las novelas
de Lewis y Faulkner, o el teatro de Williams y O'Neil?
¿La influencia de Hemingway o Faulkner sobre los escritores de otros países? "Hojas de hierba", "La ballena
blanca", "La letra escarlata", "Un tranvía llamado deseo", "Mientras yo agonizo"… nueve premios Nobel de

literatura. No está mal para una sociedad que muchos observadores ven sólo como materialista, el país del imperialismo y de los monopolios. Museos, universidades, bibliotecas con millones de volúmenes, decenas de salas de concierto, opera y ballet con sus orquestas y directores, escuelas y galerías de arte[31]. Además, claro está, de sus aportes a la civilización actual, sin los cuales no es posible concebir ésta: la investigación científica, la medicina, la aviación, la navegación a vapor, la iluminación eléctrica, la transmisión de imágenes, la telefonía satelital y la computarización. La globalización, de la que estamos hablando, no sería posible sin los aportes norteamericanos a los transportes y las comunicaciones.

Una sociedad que ha dado conjuntamente las novelas del Sur y la internet merece algún respeto, aunque haya dado a la vez todo lo barato y lo idiota contenido en la palabra "macdonalización".

Personalmente no siento respeto por la república burguesa, y he apostado mi vida a su superación, pero no cabe duda de que en su momento significó un salto hacia adelante. Y no es posible olvidar que en ese sentido la revolución norteamericana se adelantó algo en el tiempo, y que la Constitución que se dieron los estados primigenios sirvió de modelo a las dictadas en el resto de América; con más éxito allí que en nuestros países, a pesar de todo.

Y ya que hablamos de influencias. ¿Qué decir de nuestra televisión, por ejemplo?. Es en verdad tanto peor que la de Estados Unidos, que Beatriz Sarlo ha dicho (para citar a alguien fuera de este debate) que "la televisión de nuestro país (Argentina) es particularmente hostil a las ideas...No hay otra televisión que produz-

---

[31] Recomiendo, a quienes se interesen, la lectura del *"Dictionary of Modern American Philosophers (1860.1960)* que contiene mil nombres, aunque, claro esta, no todos sean de primer nivel.

ca el efecto de "carne picada" en el debate político como la argentina.[32] ¿Y las telenovelas, para llevar los ejemplos más allá de las fronteras argentinas?

Lo que quiero decir es que las sociedades que se quejan de la calidad de la exportación masiva de modelos y costumbres norteamericanas (o cuyos intelectuales lo hacen, pues los pueblos, desdichadamente, parecen más bien encantados con tal exportación), podrían ser a su vez acusados de empeorar aun más lo que reciben o copian, y de proponer productos de calidad más bien deplorable. Estoy de acuerdo en que Coca-Cola es una bebida abominable; pero, para limitarme de nuevo a la Argentina: ¿era mejor Bidú, de producción autóctona y difundida antes de ser expulsada del mercado por la bebida de origen norteamericano? ¿Y qué me dicen ustedes de las transmisiones de las radios, antes de que existiera la televisión? "Chispazos de tradición" hacía llorar a nuestras abuelas antes de que fabricaran las telenovelas. Claro que tales recuerdos no son compartidos por los jóvenes y la gente de mediana edad. ¿Y de Inca-Cola (para diversificar las menciones) que ahora es producida por la propia Coca-Cola...para cuidar el folclore?

La música del himno norteamericano, es sabido, está tomada en préstamo de una antigua canción inglesa de borrachos. "Jerusalén de oro", la conmovedora canción que alguna vez alguien estuvo por proponer como himno nacional del Estado de Israel, también fue imputada de plagio. Pero a veces me he preguntado cómo el Martín Fierro, esa historia de un paisano delincuente, racista en relación con los indios, los inmigrantes italianos y los negros, a uno de cuyos representantes asesina en un boliche cuando éste sale en defensa de su mujer, ofendida groseramente por el protagonis-

---

[32] Entrevista a Beatriz Sarlo publicada en la revista "Esperando a Godot, año1, N°8, páginas 16 y siguientes.

ta, puede ser considerado por los argentinos como su poema épico nacional.

Todo lo anterior no quiere decir que personalmente esté conforme con la producción "barata" de Estados Unidos y con su difusión por el mundo. La considero deplorable, tanto para su país de origen como para aquellos que la reciben, y sin perjuicio de luchar contra el capitalismo y por una sociedad mejor, sé que puede lucharse por remediar, en algo al menos, eso. Así como tampoco creo que haya que renegar de la lucha por mejorar la condición obrera o la de las mujeres o la de las minorías discriminadas. Si hasta en los Estados Unidos se ha logrado que la "comida basura" acepte ciertas normas que la hacen menos perjudicial o que la Coca-Cola y otras bebidas similares no se vendan en las escuelas públicas, o que no se pueda fumar en ningún lugar público cerrado, o se ha logrado montar una campaña exitosa contra lo violencia doméstica o contra los curas abusadores de menores ¿porqué no lograr algo semejante en otras partes? Una mezcla de educación y medidas de legislación preventiva y penal puede lograr avances de cierta importancia.

En algunos casos, esa lucha por reformas está ligada con otras, pero eso las hace más interesantes... ¡y adelante!

Desearía que se me entienda: el "Martín Fierro" tiene sus méritos, y partes emocionantes incluso (como el momento en que el sargento Cruz se pone de parte del protagonista: "Cruz no consiente/ que se mate así a un valiente") pero de allí a convertirlo en poema épico nacional..., de lectura obligatoria, y a su personaje en héroe, cabe cierta distancia. Pero ya que estoy en hablar de estas cosas, puedo recordar también que siempre me admiró que dos de los escritores más importantes de la Argentina se convirtieran en algo así como en fascistas en la última etapa de su vida. Me refiero, por supuesto, a Lugones y a Borges. El primero proclamó "la hora de la espada" contra el más bien inocuo partido gobernante, elegido en comicios absolutamente libres: la Unión Cívica Radical; y el segundo, Borges, pareció haberse vuelto políticamente loco con los gobiernos, no tan inocuos, de Perón, y se dedicó a alabar a las dictaduras de Videla y Pinochet, a aceptar comidas con ellos, medallas conferidas por el dictador chileno, y, tal vez lo más deplorable, a burlarse del asesinato de García Lorca y a disminuirle como poeta y dramaturgo...De su asesinato por los fascistas dijo: "Las condiciones en que murió fueron muy favorables para él, ya que a un poeta le conviene morir así, y además, eso le permitió a Machado escribir un espléndido poema".

¿Qué tal, compatriotas?

Sólo para bromear un poco: ¿qué hubiéramos exportado nosotros en caso de haber sido un imperio? ¿"La muchachada de abordo"? ¿Las empanadas y el dulce de leche?. No son invento argentino, aunque nos lo creamos, y existen numerosos países que los producen. ¿El peronismo? Lo intentamos, porque nos creíamos imperiales, aunque con menos éxito que Venezuela con el chavismo. Claro que Chávez ha tenido el petróleo, pero nosotros también nos creíamos inagotablemente ricos. "El granero del mundo...", usted sabe...

Y ya que hablamos de universalización de modelos, imágenes y otros valores: ¿que decir de la moda de los vestidos de occidente? ¿No es llamativo ver la fotografía de un político japonés o musulmán con traje completo: saco (chaqueta, si ustedes prefieren), pantalones, camisa y corbata? ¿Y ante los tan universales espectáculos de las olimpíadas de invierno y de verano, los campeonatos mundiales de fútbol –ese deporte "inventado" en su forma moderna por los ingleses? Ghana, Corea, Japón, España, los países latinoamericanos, y hasta los Estados Unidos, que tiene un fútbol diferente y propio y llama al popular deporte "soccer". ¿Cuántos millones de televidentes han visto a los equipos en la Copa Mundial del 2006? ¿Es de lamentar o de alegrarse por eso? "Pan y circo" decían los romanos. Y no han sido los norteamericanos los exportadores, sino que ellos lo importaron, a base de dólares.

7

China

"El desarrollo militar de China y el acelerado ritmo de modernización de sus fuerzas armadas pueden convertirse a largo plazo en una amenaza para Estados Unidos", advirtió el Pentágono en su informe anual al Congreso en el mes de mayo del 2006. El documento se extendió en consideraciones sobre "la modernización de la fuerza nuclear estratégica" y la posesión de "armas ofensivas de precisión", y , aunque niega la capacidad de China para operar a "larga distancia", insiste en que posee la de "crear amenazas creíbles a fuerzas militares modernas que operan en la región". Tales afirmaciones pueden tomarse como el análisis objetivo del panorama que presenta China, pero, proviniendo del ala guerrerista (tal como lo demostró en su entonces todavía vigente invasión a Irak), y no sólo del departamento militar de una gran potencia, tuvieron un tufo inevitablemente sospechoso, que invitó a pensar en una velada propuesta de algún tipo de medidas preventivas (no puede olvidarse que los dos países se enfrentaron en la no tan remota en el tiempo Guerra de Corea).

El gobierno chino reaccionó a esas declaraciones anunciando haber lanzado un nuevo plan para dotar de armas de alta tecnología a sus fuerzas armadas (que constituye el ejército más poderoso del mundo, con un total de dos millones de soldados). El programa, que se extendería hasta el año 2020, según la agencia oficial Xinjuá, tendería a "aumentar la capacidad de innovación, desarrollo y suministro de armamentos de nueva generación".

Un mes después, el secretario de Comercio de los Estados Unidos, Carlos Gutiérrez, invitó a todos los países de las Américas a unirse al suyo en un intento por competir con China y otras regiones del mundo ("en desarrollo", aunque no nombró ningún país, salvo aquél), señalando que la competencia y las contradicciones económicas eran mayores con ellos que entre sí, y en particular con la propia Unión norteamericana. Tal llamado a construir acuerdos y pactos bilaterales y de "libre intercambio" en el continente fue hecho durante su estadía en Brasil, ante hombres de negocios de los dos países. Resaltó en la ocasión que, según él, las inversiones extranjeras en China eran de más de 620.000 millones de dólares y sus exportaciones alcanzaron a 762.000 millones de la misma moneda para el año 2005.

La obvia intención del ministro de Comercio norteamericano fue alentar el fantasma de la competencia de China y de otros países asiáticos para impulsar el tratado de libre comercio con la región, que constituye el objetivo fundamental de su país. Pero debió conformarse con firmar un acuerdo para negociar tratados bilaterales limitados con Brasil. No obstante, quedó al descubierto que para Estados Unidos China sea ha convertido en una amenaza también en el plano económico. Mucho más, al menos temporalmente, que en el militar.

Lo aparentemente contradictorio es que las grandes empresas norteamericanas son fuertes inversoras en países asiáticos en desarrollo, y en particular en China, como ya hemos visto.[33]

Tales contradicciones son habituales: países que el gobierno federal de Estados Unidos trata como enemigos o con los que tiene permanentes conflictos por cuestiones económicas y aun políticas, son al mismo tiempo, para ciertas empresas y hasta para algunos estados de la Unión, mercados amistosos. El caso quizás más claro es Cuba, a la que las administraciones no perdonan lo que han perdonado hace tiempo en otros países, y la sujeta a embargo permanente, a cuyos inmigrantes acoge casi automáticamente, y a la vez limita rígidamente los tratos de los cubanos exiliados respecto a su patria, además de cambiar agravios casi habituales de gobierno a gobierno. Pues bien: con ese denostado régimen, empresas y estados agricolas (28) hacen negocios sin trabas, en La Habana se realizan ferias comerciales norteamericanas y políticos estatales y federales realizan visitas cordiales para apuntalar esos negocios. [34]

Con China, inversiones y comercio, de importación en este caso, son gigantescos: es casi una broma ritual mirar las etiquetas o las marcas de los más variados productos para establecer si dicen "Made in China".

¿Cómo explicar tales contradicciones, en un régimen capitalista, cuyo gobierno no sólo representa his-

---

[33] Ver: capítulo 2.

[34] Según el Departamento de Comercio de Estados Unidos, en informe dado a conocer en el mes de noviembre del 2006 (Oficina de Industria y Seguridad) las exportaciones a Cuba cubren mucho más que los productos agropecuarios que tanto se han publicitado. Además de las exportaciones habituales: compras de cereales, complejos de soja, pollos y productos de madera, la lista comprende "reactores, aviones y sistemas subacuáticos", entre otros. En total, para el año 2004, las exportaciones norteamericanas a Cuba habrían alcanzado a 3.300 millones de dólares.

tóricamente los intereses de la burguesía, sino que sus representantes participan de ella directamente o forman parte de su larga cohorte de servidores?. En parte es por hipocresía, consciente o ciega: cuando el secretario de Comercio invitaba a los países americanos a unirse al suyo en la competencia, estaba simplemente cumpliendo con la función que corresponde a su cargo: tratar de alentar un tratado regional de libre comercio que ellos resisten en las condiciones que Estados Unidos exije. Pero, además, porque los intereses inmediatos de los diversos grupos y sectores que componen la burguesía son múltiples y no siempre coincidentes entre sí. Inclusive más: pueden ser –son, de hecho– contradictorios en muchos casos, más allá de la competencia.

Para entender lo que pasa con las grandes empresas, quizás sea útil echar una mirada a Ford Motor Company: el 27 de octubre de 2006, apenas tres días después de que anunciara sus peores resultados trimestrales en 14 años, su presidente, Bill Ford Jr., nieto de su fundador, visitó China e hizo declaraciones que hubieran dejado boquiabiertos a sus antepasados: "Las cosas, dijo, se han vuelto globales de la noche a la mañana en Asia. En los próximos diez años el crecimiento en volumen se producirá en Asia. Nos estamos situando para aprovecharlo". En la zona de Nanjin, la empresa ya está terminando dos nuevas fábricas, en asociación con la firma japonesa Mazda Motor Co. y la china Changan Automobile Group. Su producción, inicialmente, está dedicada al mercado chino, pero "es apenas la punta del iceberg", aseveró Ford: "aún no tenemos planes concretos, pero es posible que fabriquemos en este país automóviles pequeños para exportar a los Estados Unidos y otros mercados."

En tanto, la empresa señaló que acelerará sus planes para recortar en casi 58.000 empleos su plantel en los Estados Unidos y Canadá, lo que es cerca del 40% de la fuerza laboral que tenía en 2005. Cerrará nueve fábricas para fines del 2008 y otras siete antes del 2012.

Según el "Wall Street Journal", el enfoque de Ford es similar al de General Motors y al de Chrysler Group.

Esta última, por su parte, anunció, a mediados del año 2007, que para el siguiente estaría vendiendo en Estados Unidos un automóvil pequeño fabricado íntegramente en China, por un precio aproximado a la mitad del de su modelo más barato. Se tratará del A1, de cinco puertas, fabricado por Chery Automobil Co. (en comparación con el Dodge Caliber, que cuesta 13.800 dólares). La empresa anunció planes para cerrar al menos una fábrica en los Estados Unidos. Ambas empresas anunciaron planes para vender tanto ese modelo como otros fabricados también por Chery "en todo el mundo".

De tal modo que, mientras el gobierno de Estados Unidos, en representación de los "intereses históricos" de la burguesía local exige a China que sea menos competitiva en el comercio mundial por medios que considera injustos e ilegales (sobre todo por mantener el yuan subvaluado, según afirma) grandes empresas norteamericanas exportan su producción, "entre otros destinos", a ese mismo país como medio de salvar sus negocios.

Con ocasión de la visita del presidente chino a los Estados Unidos, los medios de este país aparecieron cubiertos de datos económicos de las relaciones binacionales. Entre los más importantes nos encontramos con que las inversiones norteamericanas en China subieron de 2.600 millones de dólares en 1994 a 15.400 millones en el 2004, en tanto el déficit comercial de su deuda con el país asiático creció de 34.000 millones en 1995 a 202.000 en el 2005 (la propiedad de bonos del Tesoro norteamericano por holdings chinos había subido por su parte de 61.000 millones de dólares en el año 2001 a 262.000 millones en el 2006).

Pero China tiene un especial interés en los paises "en desarrollo", que no son grandes mercados para sus industrias y donde, sin embargo, busca las materias primas que necesita para la voracidad de su pujante economía. De allí que haga inversiones en petróleo y en minas metalíferas de África y Latinoamérica, pero como a la vez busca vender, invierte también en el sistema de vías de comunicación y de comercialización. En conjunto, en el año 2005 su comercio bilateral con África fue de 40.000 millones de dólares y con Latinoamérica alcanzó los 50.000 millones.

Aclaro que también en los sistemas bancarios africanos invierte China: en 2007 el Industrial & Comercial Bank of China hizo una inversión de 5.400 millones de dólares en el Standard Bank Group Ltd. de Sudáfrica, el mayor del continente. Otra muestra de la creciente globalización mundial lo constituyen los fondos de inversiones creados por China y otros países en desarrollo que han tomado literalmente por asalto Wall Street aprovechando la necesidad de fondos de los bancos de Estados Unidos: Morgan Stanley anunció el aporte de 5.000 millones de dólares de China Investment Corporation (CIC), 3.000 millones en el fondo de inversiones Black Stone y se supone que continuará aprovechando sus enormes reservas monetarias (el grupo CIC cuenta con 200.000 millones para disponer)

El rápido y enorme crecimiento económico de China ha dado nacimiento a una floreciente capa de millonarios y multimillonarios, a diversas capas de lo que suele llamarse "clases medias", y a una extensísima clase obrera que es explotada de modo directo al máximo, con salarios que se estiman en menos de 1 dólar diario. Además, y como consecuencia del descontrolado crecimiento, se ha depredado a la naturaleza, y gran parte de la población debe usar agua para beber proveniente de ríos contaminados. 300 millones de personas usan aguas contaminadas, según la agencia Xinjuá.

La revista Forbes para China, editorializa sosteniendo que desde que se adoptó la "economía de mercado", rige un medio sin leyes claras, similar al "salvaje oeste" de la historia norteamericana; y eso parece ser cierto, tanto desde la perspectiva de la explotación obrera y de las condiciones de vida y trabajo de los pobres como si atendemos a la conducta de los ricos, que frecuentemente terminan en prisión por su comportamiento.

Y no se crea que ser un millonario es algo de escaso peso en China: Huang Guanyu, colocado en el puesto número uno de la lista, tendría una fortuna estimada en 2.300 millones de dólares. Poco después de aparecer en Forbes, Huang y su hermano fueron acusados de obtener préstamos fraudulentamente y las acciones de su empresa dejaron de cotizarse en la bolsa de Hong Kong. Por lo demás, en el terreno de las corporaciones, el Banco Industrial y Comercial de China se convirtió, en el mes de junio del 2007, en la mayor entidad bancaria del mundo por capitalización bursátil, con un valor de 1,97 billones de yuanes (el equivalente, entonces, a 188.720,5 millones de euros o 260.495,8 millones de dólares).

¿Cuál es real papel que está cumpliendo China frente a los países en desarrollo con los que incrementa su comercio? Téngase en cuenta que afecta las exportaciones de dichos países en porcentajes crecientes: para dar sólo unos pocos ejemplos, limitados a Latinoamérica, recuérdese que las exportaciones chilenas pasaron de un porcentaje casi imperceptible en 1990 al 10% del total en el año 2006, las de Perú de un 2% a un 10, las de Argentina de un 2% a un 8, y las de Brasil de un 1% a un 6. Esto tiende a estabilizar la región, que ha comenzado a salir recientemente de profundas crisis económicas y políticas. Pero, a la vez, y considerando una más amplia perspectiva, el tipo de compras que hace China en Argentina (y en todos los países donde acude) tiende a ahondar o renovar una tendencia a producir tan sólo bienes de la minería y agricultura sin elaborar, lo que exige bajo empleo de mano de obra y relativamente escasas inversiones en capital constante. Impulsa así la división internacional del trabajo que ha hundido a esos países en el subdesarrollo.

La otra cara de la moneda está representada por las exportaciones de China: siendo éstas en todos los casos manufacturas, afectan las industrias de los países recipientes. Esto ha provocado protestas de los industriales locales, y, en algunos casos, alzas de los impuestos a la importación de esos bienes. La respuesta a esas medidas ha sido siempre el aumento del contrabando.

Una broma que se suele hacer en México, por ejemplo, es que las banderitas mexicanas y chinas que blandieron los estudiantes para acoger al presidente Jian Zemin cuando visitó el país en 1994 eran de fabricación local; pero cuando saludaron al presidente Hu-Jintao en el 2004, eran de origen chino.

Nota:
Adviértase que como resultado de la revaluación de Yuan y del aumento de salarios de los obreros, lo que sumado al costo del transporte, encareció algunos bienes producidos en China, se ha producido un fenómeno inverso al señalado: el traslado de algunas industrias a los Estados Unidos. Hasta ahora, el fenómeno es muy secundario. Para constancia, aclaro que esta aclaración fue escrita en noviembre del 2008.

8

El otro gigante: India
(y algo más sobre China)

El otro país que se presenta como un centro de desarrollo económico y con un comercio exterior que ya influye en el mundo pero que aparentemente está llamado a influir mucho más, es India, la mayor democracia del orbe, según se dice, y que, efectivamente, con su gigantesca población, su forma republicana de gobierno y su régimen de pluralidad de partidos y de elecciones periódicas cumple con esos caracteres.

Su crecimiento económico está algo a la zaga del de China, pues mientras ésta lo hizo a un promedio del 8% anual en el 2001 y 2002, y a un altísimo 10% en el 2006, la India creció a un promedio del 5,8% a comienzos del siglo y a uno del 8% en el 2005 y 2006. Esto se traduce en que el producto bruto anual per cápita fue de 245 dólares en la India para el año 1980 y de 310 dólares en China, y que para el 2006 alcanzó a 770 en la primera en tanto llegaba a 1.740 en China.

Obviamente, la intervención estatal en la ecomía es mucho menor en la India, pues sólo dos industrias están en manos del estado: la fabricación de aviones militares y la generación de energía atómica. Pero, además, el desarrollo económico es diferente en los dos países: China basa su expansión en las indjustrias manufactureras y en inversiones extranjeras, en tanto la India basa su desarrollo sobre todo en servicios y en la inversión interna. La industria representa actualmente apenas el 17% de la economía (2006) y los servicios el 50%, pero el gobierno central se propone aumentar la participación industrial al 25% para el 2011. Espera, por ejemplo, vender 2.000.000 de vehículos automotores para ese año. Según estimaciones oficiales, en India alrededor de cien millones de personas han salido de la pobreza "en los últimos diez años"[35] pero tales datos son algo engañosos, como ocurre en China, pero peor. Por ejemplo: el gobierno central destina parte de su presupuesto para hospitales y escuelas en zonas rurales, pero la burocracia intermedia se embolsa esas sumas, que nunca llegan a destino. Además, a niveles estatales y locales las pandillas criminales y los políticos están tan entrelazados que no se advierte como se logrará salir, a un plazo más o menos mediano, de la corrupción rampante que afecta incluso el abastecimiento de consumos básicos.

Aclaremos: no es que en China no exista la corrupción. Por ejemplo, el Ministerio de Seguridad en el Trabajo reconoció que en el sector de minas de carbón durante el año 2005 murieron 6.000 obreros (150 veces la cantidad que pereció en los Estados Unidos) y que esa tragedia se debía a la existencia de minas ilegales, de las que recibían dinero las autoridades locales, cuando no ocurría que algunos funcionarios eran sus dueños o participaban de algún modo de su propiedad. No obstante, a pesar de esos problemas y de los anotados en el capítulo 8, en China no se desvían fon-

---

[35] Informado en el 2006

dos destinados al desarrollo y en las zonas rurales se levantan hospitales y escuelas.[36]

Por otra parte, India es ya un gran inversor a nivel mundial –solamente la corporación trasnacional Tata ya tenía invertidos 11.000 millones de dólares en el mundo y de ellos 3.000 millones en Latinoamérica, según datos del 2006, pero proyectaba superar los 5.000 millones para fines del 2007.

Tales inversiones son dirigidas, como las de China, al sector primario de la producción, minería y agricultura, y por lo tanto tienden a mantener o a crear (en África, por ejemplo) el típico modo de división internacional del trabajo, que puede arrojar beneficios en el país recipiente a corto plazo, pero que a la larga mantiene las formas del subdesarrollo, o las crea. Claro está que eso parece ser inevitable a falta de burguesías locales dispuestas a invertir en industrias manufactureras o de tratamiento de materias primas.

En cambio, no debe llamar la atención que en algunas zonas rurales hayan aparecido casos de trabajo esclavo y de la complicidad de las autoridades lo-

---

[36] Renglón aparte merece sin duda lo ocurrido con diversas medicinas para humanos y alimentos para perros y gatos (así como, aparentemente con pastas dentales) exportadas a Occidente desde China y que resultaron ser tóxicos por contener en forma equivocada una sustancia industrial (dietilenglicol). Estos productos fueron responsables por la muerte de animales y personas, y, sin embargo habían sido aprobados por la Administración Estatal de Alimentos y Medicinas. En la investigación hecha en China se descubrió que el director de la entidad, Zheng Xinoyu, recibió sobornos de las fábricas de esos productos por un total de algo más de 800.000 dólares. Xinoyu fue condenado por un tribunal y fusilado. Este episodio enfatiza que China no está libre de problemas, aun gravísimos como en este caso, pero a la vez cómo su gobierno actúa implacablemente. Pongo entre paréntesis las pastas dentales porque después apareció un desmentido de la agencia Xinjuá de que estuvieran incluidas en el caso. Sin embargo, esa historia no resultó ser única: meses después se descubrieron juguetes contaminados con plomo, por ejemplo.

cales con los dueños de las empresas, a pesar de la relativamente alta difusión de la prensa en Occidente. El escándalo en China se destapó cuando los padres de unos mil niños desaparecidos denunciaron que habían sido vendidos a dueños de hornos de ladrillos como esclavos, y esto dio lugar a una verdadera cacería humana en la que intervinieron más de 20.000 policías para capturar a los culpables. El escalofriante hecho ocurre en lugares sumamente pobres y alejados de los grandes sitios urbanos, pero también sucede en Occidente: baste citar el caso de la República Dominicana, en la que inmigrantes ilegales haitianos son sometidos a trabajo en condiciones de esclavitud por los terratenientes de caña de azúcar, pero situaciones similares se dan frecuentemente en Latinoamérica y aun en Estados Unidos. Y nada digamos de África, donde subsisten formas de esclavitud o semiesclavitud en gran escala.

Anótese que China ha intentado responder a los problemas provocados por sus importaciones, cuestionando a su vez las provenientes de otros países, todas ellas de empresas ligadas con Estados Unidos: en setiembre del año 2006 afirmó que lociones y polvos de tocador de la marca japonsa SHII (que pertenece al grupo Procter & Gamble) presentaban peligros para la salud, pero sin prohibir su venta; en agosto del 2007 devolvieron 272 marcapasos fabricados en Estados Unidos: y a fines de ese mes fueron criticados tres tipos de galletas fabricadas en Indonesia por la empresa Arnott, filial de la norteamericana Campbell Soup. A la vez, las importaciones de soja de Estados Unidos fueron denunciadas por contener sorgo de Aleppo y otras malezas. Tampoco se tomaron medidas, aunque se hizo un llamado a las autoridades norteamericanas a resolver el problema.

A modo de conclusiones

I- En suma, y a pesar de todas las objeciones y salvedades que pueden hacerse legítimamente, la conclusión final e indudable que imponen los hechos es que estamos en una etapa diferente y muchísimo más elevada de la globalización mundial del sistema capitalista de lo que se había visto hasta ahora. A tal punto –para repetirme– de que el gran capital y las instituciones financieras de los países del llamado primer mundo se han colocado por encima del sistema de producción nacional autocentrado, para recomponerse en un sistema integrado de producción mundial. A ello debe agregarse que países en desarrollo que asoman como grandes potencias (China, sobre todo, e India, y hasta cierto punto Brasil) se han ido incorporando a dicha globalización en el nivel fijado por el Primer Mundo.

II- Conjuntamente, cabe destacar dos hechos: la globalización se basa en oligopolios y alianzas del gran capital, en tanto las empresas medianas y pequeñas siguen viviendo en ámbitos nacionales; y el proceso es acompañado por un aumento en la desigualdad entre regiones ricas y regiones pobres, y entre los muy ricos y los ricos y los pobres y miserables por la otra. Al punto de que se están expandiendo en forma alarmante el hambre y las condiciones más paupérrimas de vida, mundializando también el ejército de reserva del trabajo.

III- Va de suyo que esto significa que si bien ha aumentado el número de estados nacionales, a la par hay un movimiento que tiende a erosionar su existencia. ¿Contradicción? ¿No es eso acaso típico del sistema capitalista?

Nota:

Aunque no tiene importancia dentro del panorama general y no se incluye en las conclusiones a extraer del trabajo –tómese como una simple nota al pie–, pero no puedo dejar de señalar la contradicción que existe en el tratado de libre comercio entre Canadá, México y Estados Unidos y el trato que éstos aplican a las personas en su frontera Sur, más propio de una separación entre dos países en guerra. Claro está que México hace más o menos lo mismo con los inmigrantes de Centroamérica o de terceros países que utilizan a éste como catapulta o país de tránsito hacia Estados Unidos. También se rechaza a los inmigrantes ilegales en la Unión Europea, pero éstos no tienen tratados de libre comercio con los países de que provienen.